《这就是凡·高》

《这就是莫奈》

《这就是塞尚》

《这就是高更》

《这就是马蒂斯》

《这就是波洛克》

THIS IS...

『这就是……』系列

适合各年龄层读者阅读的艺术启蒙经典
权威艺术史家联手知名插画师倾力编撰
设计独特、装帧精美，呈现收藏级的艺术丛书

- 本系列图书邀请多位世界知名插画家绘制插画，风格独特、妙趣横生，并和艺术家的作品相互呼应，轻松品读艺术家的传奇人生。
- 文字部分亦由相关领域的专家撰写，简明易读。作者围绕艺术家生平和创作的关键节点，生动解读这些天才人物的艺术魅力。
- 印制精美，采用独特的平切三边的精装方式，易于翻阅，无论是假日休闲还是旅途闲暇均可随手翻读，让艺术与您相伴。

《这就是沃霍尔》

《这就是达利》

《这就是达·芬奇》

《这就是卡拉瓦乔》

《这就是戈雅》

《这就是伦勃朗》

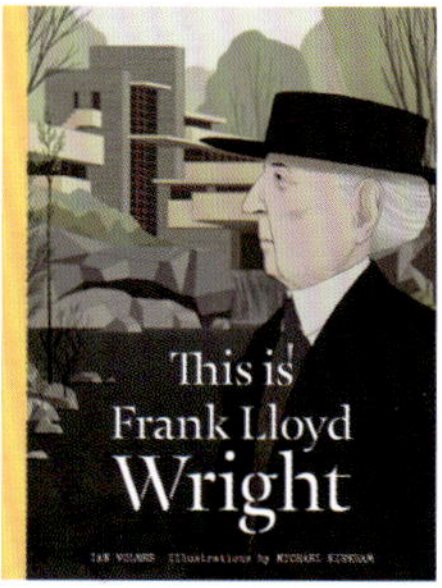

《这就是赖特》

《这就是高迪》

《这就是培根》

《这就是康定斯基》

《这就是马格利特》

定价：60.00 元 ／每册
页码：80 页／每册
装帧：精装

后浪微信：hinabook

读者服务：reader@hinabook.com
投稿服务：onebook@hinabook.com
购书服务：buy@hinabook.com

后浪出版咨询(北京)有限责任公司
POST WAVE PUBLISHING CONSULTING (BEIJING) CO.,LTD.
www.hinabook.com

This is
Rembrandt

Jorella Andrews
Illustrations by Nick Higgins

图书在版编目（CIP）数据

这就是伦勃朗 /（英）约瑞拉·安德鲁斯著；（英）尼克·希金斯插图；李亦然译．-- 长沙：湖南美术出版社，2021.2
ISBN 978-7-5356-9356-3

Ⅰ．①这… Ⅱ．①约… ②尼… ③李… Ⅲ．①伦勃朗(Rembrandt, Harmensz van Rijn 1606-1669) －传记－图集 Ⅳ．①K835.635.72-64

中国版本图书馆 CIP 数据核字 (2020) 第 228174 号

这就是伦勃朗
ZHE JIUSHI LUNBOLANG

出 版 人：黄　啸
著　　者：[英] 约瑞拉·安德鲁斯
插　　图：[英] 尼克·希金斯
译　　者：李亦然
出版策划：后浪出版公司
出版统筹：吴兴元
责任编辑：贺澧沙
特约编辑：喻盼瀛　蒋天飞
营销推广：ONEBOOK
装帧制造：墨白空间·王　莹
出版发行：湖南美术出版社　后浪出版公司
（长沙市东二环一段 622 号）
印　　刷：北京盛通印刷股份有限公司
（亦庄经济技术开发区科创五街经海三路 18 号
开　　本：720×1030　1/16
字　　数：80 千字
版　　次：2021 年 2 月第 1 版
印　　张：5
印　　次：2021 年 2 月第 1 次印刷
书　　号：ISBN 978-7-5356-9356-3
定　　价：60.00 元

读者服务：reader@hinabook.com 188-1142-1266
投稿服务：onebook@hinabook.com 133-6631-2326
直销服务：buy@hinabook.com 133-6657-3072
网上订购：https://hinabook.tmall.com/（天猫官方直营店）

后浪出版公司

这就是伦勃朗

［英］约瑞拉·安德鲁斯——著
［英］尼克·希金斯——插图
李亦然——译

湖南美术出版社
全 国 百 佳 图 书 出 版 单 位

有饰领的自画像

伦勃朗，约1629

布面油彩

38厘米×30.9厘米

日耳曼国家博物馆，纽伦堡

伦勃朗·凡·莱因是真正的“老大师”（Old Master）。他的作品细腻而生动，富有气韵，在许多博物馆参观者心中，传统的绘画作品理应如此。不过，伦勃朗生前并不总是很受尊敬。他笔下的架上绘画和版画都极力求真，颇具表现力，一方面让人为之倾倒，另一方面也容易让自己声名狼藉。在伦勃朗死后的一个多世纪里，他的风格一直被众多接受过学院派训练的艺术理论家和批评家轻视。到了19世纪，伦勃朗却得到了一批艺术家的拥护，这些艺术家被大革命和时代变化点燃了创作热情，在他们眼里，伦勃朗也有着相似的激进灵魂，其作品中充溢着真正的现代气息。

伦勃朗出生于17世纪初，此时荷兰共和国刚刚成立，正处于“黄金时代”。伦勃朗早早就依靠绘画名利双收，过起了摇滚巨星般的奢华生活。但是，他花钱大手大脚，入不敷出。在伦勃朗职业生涯的中期，公众也不再对他有兴趣。种种因素都在摧毁他。到了后半生，伦勃朗穷困潦倒，他负债累累，缺乏赞助，再加上心爱之人接连离世，这些都让他颇受打击。纵然如此，他依旧保持着不灭的热情继续作画。他晚年的作品细腻、开阔，具有永不磨灭的光辉。

起步之路

1606 年 7 月 15 日，伦勃朗 · 凡 · 莱因出生于莱顿。父亲是磨坊主，名叫哈曼 · 格里兹 · 凡 · 莱因（Harman Gerritsz van Rijn），母亲妮尔茛（Neeltgen）是面包师的女儿。他们至少有 9 个孩子，伦勃朗在家中排行第 8。凡 · 莱因一家住在城郊，哈曼把磨坊开在那里。彼时莱顿的人口已经有 3 万左右了，整个城镇因为自身的纺织品贸易而非常富庶。莱顿的文化也很繁荣，有自己的大学和绘画传统。

在当时的时代背景下，凡 · 莱因一家算是富裕的中产之家。大儿子阿德里安（Adriaan）学过制鞋，不过后来接管了家族生意。另一个兄弟威勒姆（Willem）是个面包师。三儿子学了画。少年伦勃朗却被送去了莱顿的拉丁文学校。14 岁那年，他进入莱顿大学，学的可能是神学。

当时荷兰人的识字率是全欧洲最高的，普通劳工一般也都能阅读，虽然不一定会写字。不过磨坊主的儿子竟然去接受大学教育，这依然是件稀罕事。扬·扬松·欧勒斯（Jan Janszoon Orlers）是伦勃朗的第一位知名传记作者，他在1641年写了一本有关莱顿的指南，书中提到，伦勃朗的父母希望儿子最终可以“学有所成，再服务莱顿这座城市，为公共利益做出贡献”。

伦勃朗可能压根没去过学校。后来，他的父母也同意了，支持他学画。

成长于黄金时代

荷兰共和国是一个低地国家，拥有一小部分北海的海岸线，正是这个新成立的国家孕育了伦勃朗。荷兰大部分领土低于海平面，几个世纪以来，人们娴熟地填盐沼造田，在新填的陆地上耕作、建房。到了 17 世纪，这片区域渐渐变成欧洲有史以来最富裕的国家。

荷兰的繁荣植根于更早时候的宗教、政治和经济变革。长久以来，哈布斯堡（Habsburg）王朝的神圣罗马皇帝虽远在维也纳，却一直统治着低地国家。1516 年，哈布斯堡家族继承了西班牙王位，于是低地国家的领导权也转交给了西班牙。在低地国家的北方省份中，大部分人都是新教徒，而西班牙新登基的领主是个顽固的天主教徒。1579 年，这些北方省份宣布独立，战争随之打响，一共持续了 80 年之久。在伦勃朗出生之际，战争已打了 20 多年。哈布斯堡家族最终战败，经济大权现由新成立的荷兰共和国掌控，全欧最强大的商船队也任其调遣。

荷兰共和国是一个造船业中心，又长期进行谷物、木材等原材料交易。1602 年，联合东印度公司（United East India Company）成立，荷兰共和国的经济开始向全球扩张。1621 年，联合西印度公司（United West India Company）随之成立，荷兰在爪哇岛、加勒比海地区和美洲东海岸开拓了殖民地。新阿姆斯特丹（New Amsterdam，今纽约），就建于 1626 年。两大公司进出口多种商品，有香辛料、丝绸、瓷器和郁金香等，同时在殖民地大量蓄奴。1668 年到 1679 年驻荷兰的英国大使威廉·坦普爵士（Sir William Temple）曾经说过，“从古至今，还从来没有任何一个国家的对外贸易到了如此繁荣的地步。”

这些变化无疑给这一时期荷兰共和国的艺术带来了巨大的影响：静物画里，来自世界各地的农产品堆积如山，肖像画里，都是富人和权势渐增的商贾，再加上海景画和风景画，所有这些画作都极为流行。往来的游客纷纷称赞荷兰城市美丽、有序、卫生。

学着以热情入画

得到父母支持后，伦勃朗开始跟着雅各布·凡·斯瓦宁堡（Jacob van Swanenburgh，1571—1638 年）学画。斯瓦宁堡是荷兰本地画家，主要创作肖像画、建筑绘画和幻想的风景画。斯瓦宁堡曾在意大利生活、工作过多年，彼时意大利是艺术世界的中心。伦勃朗跟着老师学了三年的绘画基础，可这位老师的风格并没有给青年伦勃朗带来什么深远的影响。

1624 年，伦勃朗在阿姆斯特丹的彼得·拉斯特曼（Pieter Lastman，1583—1633 年）手下做了 6 个月的学徒。拉斯特曼是著名的历史画家，也曾在意大利学过画。在意大利，他发现了卡拉瓦乔艺术的过人之处，卡拉瓦乔对身体和情感的观察细致入微，同时还结合了戏剧性的构图和明暗的突变。拉斯特曼对卡拉瓦乔的艺术充满热情，年轻的伦勃朗也受到了感染，此后一生中，这些富有动势的特点是伦勃朗作品的典型，表现这些特点的技巧更是越来越微妙高明。

绘于 1626 年的《巴兰和驴子》（*Balaam and the Ass*）是伦勃朗的早期作品。这幅画以拉斯特曼的同名作品为模板，估计是送给拉斯特曼的礼物。这幅画取材于一个宗教故事，讲的是盲人教士巴兰有一头驴子，它试图提醒巴兰前方会有天使拦住他们的去路。巴兰直抽这头不肯走的倔驴，最后奇迹发生了，可怜的驴子开口了，事情才真相大白。仅在一幅画中，伦勃朗就游刃有余地展开了整个故事，导演彼得·格林纳威（Peter Greenaway）称之为“电影式的”绘图手法。

巴兰和驴子
彼得·拉斯特曼，1622

木板油彩
40.3厘米×59.4厘米
私人藏品，伦敦

两位奇才

1625 年，给拉斯特曼当了很短一阵子学徒后，伦勃朗回到了莱顿，和另一位当地画家扬 · 利文斯（Jan Lievens）一起创办了一个画坊。伦勃朗多半又和父母一起住了，因为他在这段时间绘制的不少画里都有其家庭成员的身影。考虑到大多数 17 世纪荷兰画家的画坊都开在家里，他们两个八成就在家里工作。

利文斯比伦勃朗小一岁，也给拉斯特曼当过学徒。二人年纪轻轻却技艺不凡，很快就博得了关注。的确，欧勒斯在书中提到，利文斯 12 岁就闻名莱顿了。两个人的合作进行得很愉快，他们在艺术上互相支持，共用人体模特——经常很难分辨这一时期两人的作品。1628 年，伦勃朗也招收了几名学徒，包括 15 岁的赫里特 · 道（Gerrit Dou），还有没什么名气的伊萨克 · 德 · 乔德尔维尔（Isaac de Jouderville）。两个人一直学到了 1631 年，付起学费来非常慷慨，每年大概能交 100 荷兰盾。道后来出名了，但并不是因为他的老师伦勃朗笔下鲜明的风格，而是因为他能够精细地描绘出优美的日常场景。他是莱顿“精细画派”（fijnschilders）的奠基人。

众神聚会

彼得·保罗·鲁本斯，1621—1625

布面油彩

394厘米×702厘米

卢浮宫，巴黎

挚爱鲁本斯

17 世纪 20 和 30 年代，如我们所见，伦勃朗的绘画生涯刚刚起步，新的绘画类型也开始风行：静物画、描绘新兴商人阶层的人物画、风景画、海景画和日常室内场景风俗画等。弗兰斯·哈尔斯（Frans Hals，约 1582—1666 年）为普通人画的肖像质朴又生动，最受人喜爱。不过，低地国家最声名煊赫的画家还是彼得·保罗·鲁本斯（Peter Paul Rubens，1577—1640 年），他来自南部省份的安特卫普，当时仍处在哈布斯堡王朝的统治之下。

尽管伦勃朗很年轻时就懂得了受人钦慕的滋味，他也并非没有羡慕过别人。他一生中始终敬畏鲁本斯。有很长一段时间，在某些方面，伦勃朗甚至力图模仿鲁本斯。因为使得鲁本斯闻名遐迩的不只是他的艺术才华，还有他的财富、社会威望、商业智慧以及他作为外交官而产生的世界影响力。艺术家鲁本斯受到多方款待，他尽可能不错过任何机会，不只是出色地完成了欧洲君主的委托，还在安特卫普创办了一家大型作坊，实际规模堪比工厂。他和助手在作坊里完成了数以千计的画作，再在自由市场上卖出。和伦勃朗的老师拉斯特曼一样，鲁本斯也在意大利生活和工作过很多年，他心中的伟大楷模是威尼斯画派的色彩大师提香。

突破常规

17 世纪 20 和 30 年代，伦勃朗主要绘制历史与圣经题材的作品。当时，静物画和风俗画非常流行，也取得了商业上的成就，但是，众多艺术爱好者依然认为，伟大的艺术家应该绘制历史、圣经或古典神话中的崇高主题。荷兰新教教会崇尚质朴，但宗教绘画在大众中依然有市场，人们在家里挂画，供私人礼拜之用。

伦勃朗的蚀刻画同样为他赢得了声名，画中的街景观察精到，展现出城市生活的日常样貌。这一时期有一幅较不寻常的画，是《工作室中的艺术家》(*An Artist in His Studio*)，看起来描绘的是伦勃朗本人在工作的样子。画里，艺术家在背景中靠左的位置，穿着鼓鼓囊囊的大袍子，戴着帽子（应该是为了保暖)。画面的中心是一大块画布，画的背面对着观众。画家或许在凝视画布上的图像，也可能在构想他接下来要怎么画。

伦勃朗一生中多次涉及“工作中的艺术家”这个主题，这幅画正是这一主题的早期代表作。其他 17 世纪画家也表现过这一主题，包括迭戈·委拉斯凯兹（Diego Velázquez）在 1656 年完成的《宫娥》(*Las Meninas*)，还有扬·维米尔（Jan Vermeer）在 17 世纪 60 年代画的《绘画的艺术》(*The Art of Painting*)。不过，伦勃朗似乎更关注的是把艺术创作表现为一项独立内省的活动。

同样值得注意的还有画家身旁靠墙放的研磨石以及身后的桌子，桌面上可见几个大玻璃瓶。通常学徒才会负责准备颜料，但是在 17 世纪 20 年代末，伦勃朗和利文斯都进行了大量实验，涉及颜料的研磨、融合与应用，黏合剂、干燥剂、清漆和釉彩的使用。伦勃朗这一阶段的笔法相对流畅，但却变化多端，能够充分表现各种表面的质地。

显贵赞助商

1628 年，伦勃朗开始招收自己的徒弟，与此同时，他和利文斯二人声望大增，两个来自莱顿的小伙，终于引起了国内有头有脸的大人物的注意。这个人就是康斯坦丁·惠更斯（Constantijn Huygens），他是新任执政、奥兰治亲王腓特烈·亨利（Frederick Henry of Orange）的私人秘书。当时的荷兰虽不是王国，也还保留着贵族，奥兰治亲王是最尊贵的一支。他所担任的执政是公职，权力有限，不过，他本人的实际地位非常煊赫，也颇具影响力。亲王的艺术藏品由惠更斯管理，他负责委托订单、收购名画等。惠更斯本人毕业于莱顿大学法学专业，世故而文雅，担当亲王的左膀右臂再合适不过。惠更斯比伦勃朗和利文斯大 10 岁，其诗作也备受推崇，音乐方面颇有成就，还会讲多国外语，会画细密画，并代表共和国到处游走外交。1622年，英王詹姆斯一世（King James I）授予惠更斯爵士头衔。惠更斯还和英国哲学家弗朗西斯·培根爵士（Sir Francis Bacon）交情不浅，约翰·邓恩（John Donne）的诗也是由他翻译成荷兰语的。

惠更斯对优秀艺术家素来留意，一开始他被利文斯的名声吸引到了莱顿，后来自然而然地，他也接触了不少伦勃朗的作品。1631 年，惠更斯在自传中称伦勃朗“笔触优雅至极”，能够“在作品中传递强烈的情感”。

惠更斯给予了两个年轻人许多支持和指导。比方说，他鼓励伦勃朗专注于宗教和神话主题的创作。惠更斯视鲁本斯为理想目标（只可惜生活在安特卫普的鲁本斯，当时却受雇于荷兰的敌对方哈布斯堡王朝！）。他也想让利文斯和伦勃朗去意大利提高画艺，不过他们没有听劝。话虽如此，惠更斯已然相信，这两个年轻画家的水平已经能与当时的知名画家比肩，并且很快就能超过他们。惠更斯代亲王买下了伦勃朗的画，有几幅送给了英国王室，至今还保存在英国王室藏品中。

睁大眼的自画像

伦勃朗，1630

动人的自画像

“几乎是凭借一己之力，伦勃朗树立起了自画像的地位：既是画家本人的核心风格，又成了西方绘画的主要类型。”

——斯维特拉娜·阿尔珀斯

伦勃朗能够在画中表现强烈感情的其中一个原因是他把自己当模特不停练习。早期的自画像大多是所谓的“样板脸”（tronie）——从心理视角来刻画面部，并且描绘各种人物和表情。而伦勃朗会坐在镜前，一边像演员一样做出各种表情，一边望着镜中，去揣摩那些表情。伦勃朗一生都是戏剧爱好者，他收集具有异国情调的戏服和道具，作画时把观察到的事物与想象力结合起来。起初他是在拉斯特曼的影响下产生了对戏剧的兴趣，而在拿自己当模特许多年后，他掌握了画人脸的精湛技艺。他对照着自己的脸画过油画，也以此绘制过大量素描和蚀刻版画。《睁大眼的自画像》（*Portrait with Wide-Open Eyes*）画于 1630 年，这幅画的非凡之处不只在于线条流畅生动，更在于伦勃朗能在如此微小的画幅中发挥功力——整张脸只比一张邮票大一点。

死亡和新的开始

伦勃朗为了画肖像画习作，不只拿自己当模特，也让家人做模特。伦勃朗为父亲哈曼·凡·莱因画的最后几幅画中，有一幅的人物部分是用红色和黑色粉笔细致描绘的，背景则用手指粗粗涂抹。伦勃朗的父亲死于 1630 年 4 月 27 日，这幅画一定是在他逝世前几个月甚至是几天的时候画完的。

利文斯和伦勃朗在此时都处于人生转折点，他们已经不适合待在莱顿，似乎也不宜于再合作。1631 年，利文斯去了英国，为王室和其他有地位的赞助人工作。几年后，他去了安特卫普，在那里终于见到了他们那位了不起的偶像——鲁本斯（并且最后完全变成了鲁本斯的风格）。伦勃朗决定搬去阿姆斯特丹，这意味着他抛下了守寡的母亲和兄弟姐妹。1631 年，伦勃朗 25 岁，定居在了大城市阿姆斯特丹。在余生中，除了偶尔几次国内旅行，他都在这座城市。有学者猜测伦勃朗可能去过更远的地方，比如说，根据他的几幅英国城市风景蚀刻画（包括一幅注明为 1640 年的伦敦老圣保罗大教堂蚀刻画），推测他去过英国。然而，这些画几乎可以确定是地形图的复制品而已。伦勃朗也有一些关于土耳其遗迹的蚀刻画流传至今，当然，可以确定的是他没有去过奥斯曼帝国。

哈曼·格里兹·凡·莱因肖像

伦勃朗，1630

纸本红黑色粉笔，棕色水染

18.9厘米×24厘米

阿什莫林博物馆，牛津

读书的老妇人，疑为女先知哈拿

伦勃朗，1631

木板油彩

60厘米×48厘米

对母亲的怀念？

在离开莱顿前不久，伦勃朗画下了这幅感人的习作，内容为一位老妇在读书的样子。模特很可能就是她的母亲妮尔茛。

伦勃朗很擅长描绘历史肖像画，在画里，模特扮成历史上或圣经中人物的样子。这唤起了他在描绘肖像画时表现情感的能力，还有对于剧院戏剧的喜爱。他把他母亲——如果确实是的话——画成了著名的女先知哈拿（Hannah），又称亚拿（Anna），她虔诚地祈祷，昼夜礼拜、禁食。伦勃朗很敬佩母亲本人扎扎实实的宗教热诚，而这样一幅画献给她再合适不过。妮尔茛可能是新教徒，伦勃朗的父亲和他本人也是。但她其实出生于一个坚定的天主教家庭。彼时，荷兰共和国的官方宗教是加尔文宗，荷兰归正会是官方教会，但有三分之一荷兰人依然是天主教徒，当中包括很多上流人士。他们不能公然礼拜，不过，在共和国宽容的宗教气氛下，私下里信奉天主教并不会受到打扰。

自始至终，伦勃朗从未用宗教画进行道德说教，而是借其场景探索精神世界，在那个世界里，心灵逐渐发生变化，潜入信仰。这幅画也表现了人们可以接触到最新的信息技术，即印刷品，当时的荷兰画派常创作这个主题。我们在此处再次看到伦勃朗典型的表现内心深度的特点。与其说是在刻画老妇人读书，不如说伦勃朗着重刻画了老人指尖的书页，他笔触柔和，书页几乎在发光，而整本书又大又重，老妇人正弓着背在看。她的脸映照在光线里，可要是和手（伦勃朗突出了这部位）比较，又显得晦暗了，好像在暗示她几乎盲了。究其一生，伦勃朗的画笔都敏锐得惊人，他刻画的不只是形形色色、各个年龄段的女性，更是所有衰朽、脆弱的人和物。在欧洲其他地区，绘画的趋势是凸显理想化、恢宏的特质，而伦勃朗晚期则背离了他们的发展方向。

耀目的阿姆斯特丹

近 50 年来，阿姆斯特丹一直是共和国首屈一指的繁忙城市。在伦勃朗抵达阿姆斯特丹之际，这里的人口暴涨，从 1600 年之前的不足 50,000 人跃升至 1631 年的逾 100,000 人，而在伦勃朗去世的 1669 年，人口数又翻了一番。这个城市的新移民既包括来赚钱的荷兰本国人，也有来自欧洲各地的政治、宗教难民（新教徒、犹太人和自由思想者）。

新杜伦街

伦勃朗在 17 世纪 30 年代曾暂居此地，更重要的是，这里离集会厅很近。伦勃朗作于 1642 年的《夜巡》，画的就是集会厅的民兵队，他们的形象就永久地留在了这幅画卷里。

布里斯特街

大名鼎鼎的圣安东尼布里斯特街，是伦勃朗在阿姆斯特丹的第一处落脚点。拉斯特曼的工作室一度就在这里，1631 年他再度搬了回来。伦勃朗一家自 1639 年搬入后住了 20 年，他们住的街区后来有了个新名字，叫约旦布里街。

剧院

1638 年，阿姆斯特丹大剧院开业。城里有三条大运河，河畔区住的都是城中巨富，而剧院就位于三运河之一的皇帝运河边。加尔文宗对此持反对意见，但剧院收益事实上扶助了城中的福利院和其他慈善机构。

罗镇运河

伦勃朗晚年居所位于约旦区，靠近罗镇运河，他于 1658 年到 1669 年居住在这里。约旦区比其他城区更新，也更简陋，但文化多元、富有活力，人口流动也大。

证券交易所和港口

1602 年，阿姆斯特丹出现了其引以为傲的欧洲第一家证券交易所，同时这里还拥有全欧最大的货运港、市场和百货商店，连带着不少保险公司、中介机构和银行。这里还是地图业，印刷业，出版业以及眼镜、望远镜和显微镜镜片制造业的中心。

伦勃朗站稳脚跟

伦勃朗在阿姆斯特丹的起点再高不过了。他在阿姆斯特丹的第一个住所是亨德里克·凡·尤伦堡（Hendrick van Uylenburgh）的房子，凡·尤伦堡是一位拥有国际客户的艺术品交易商和企业家。凡·尤伦堡的家位于圣安东尼布里斯特街上，这条街素来闻名。他的画廊和作坊既制作肖像画，也储存、展出从德国和意大利进口的画作。伦勃朗和其他画家一起在这里工作，开始雇用学徒和学生。

早在 1631 年，伦勃朗尚在莱顿时，他和凡·尤伦堡就已经认识了。伦勃朗在莱顿初有斩获以后，就给凡·尤伦堡的生意投资了一大笔钱——1000 荷兰盾。艺术生意在荷兰共和国很赚钱，因为当时没有很多可供投资的地方，人们就投资绘画。各个阶层的人都会购买和委托作画，这迥异于欧洲其他地区。凡·尤伦堡显然为伦勃朗的野心和才能所触动。

在凡·尤伦堡那里，伦勃朗迅速收到了大量肖像画的订单，顾客大多是阿姆斯特丹的贵族和商人，他们很多是凡·尤伦堡的老主顾，也有的是见到伦勃朗为惠更斯画的画后慕名而来。

伦勃朗成功满足了两种看似截然相反的需求，所以他的肖像画市场很广。一方面，他的顾客想要炫耀财富；另一方面，不论他们的宗教或社会背景如何，画中人总想传达出加尔文宗注重的克制、谦逊、公理等价值观念。所以，乍一看，这些画中的男女穿着黑衣，冷静自持，但凑近看，会发现他们的衣服的材质和细节极其丰富。伦勃朗在绘画时似乎施了魔法一般，能非常轻松自如地描摹各种材料及其表面的质感，而且精确度也极高，为此他声名远播（且名副其实）。他也会鼓励顾客穿上他们的戏服，戴上他或凡·尤伦堡专门买的异域配饰，比如奢华的帽子、夸张的花边以及带有金丝的披肩或马裤，等等。

夺目的群像画

1632 年，伦勃朗已在阿姆斯特丹一年了，他绘制了一幅群像画，后来广为人知。画面中，知名医生尼古拉斯·杜普（Nicolaes Tulp）正在解剖尸体，尸体旁簇拥着 7 个城市官员，他们已经看得入了迷。这种解剖常常在冬季举行，届时死尸（往往是男性罪犯）将公开展露，持续好几天。当时的文化有意彰显科学价值，因此这些流程诚然耸人听闻，但还是用来教育大众，对外卖票。杜普医生左手摆出一个动作，是在示意众人如果死者还活着，他这根外露的肌腱能牵引手部做出同样的动作。死者恰好也是莱顿人，叫阿德里安·阿德里安兹（Adriaan Adriaansz），又名阿里斯·肯特（Aris Kindt），因暴力抢劫被处决。

考虑到作品的细节，伦勃朗当时应该就在解剖现场。但是，出于礼貌，他显然进行了一点艺术“加工”。如果没“加工”，我们本应该看见阿德里安被切成碎片后的样子。实际解剖中，胳膊和腿恰恰是最后解剖的部分，而不是第一个部位，因为四肢腐烂得较慢。

伦勃朗从鲁本斯 1612 年的作品《纳税钱》(*The Tribute Money*) 中获取了灵感，在鲁本斯的作品中，耶稣正试图跟欺骗他的教士争论。伦勃朗的画里，杜普医生取代了耶稣的位置，而官员取代了那些狡猾的教士。这幅画的另一个特征是伦勃朗的签名。从 1632 年起，他开始把自己的名签在作品上〔此处是“伦勃朗作”（Rembrandt fecit）〕，这是 16 世纪的意大利大师们——达·芬奇、米开朗基罗、拉斐尔、提香——的做法。

纳税钱（局部）
彼得·保罗·鲁本斯，约1612

木板油彩
144.1厘米×189.9厘米
旧金山美术馆购藏
M.H.德·扬艺术基金会赞助

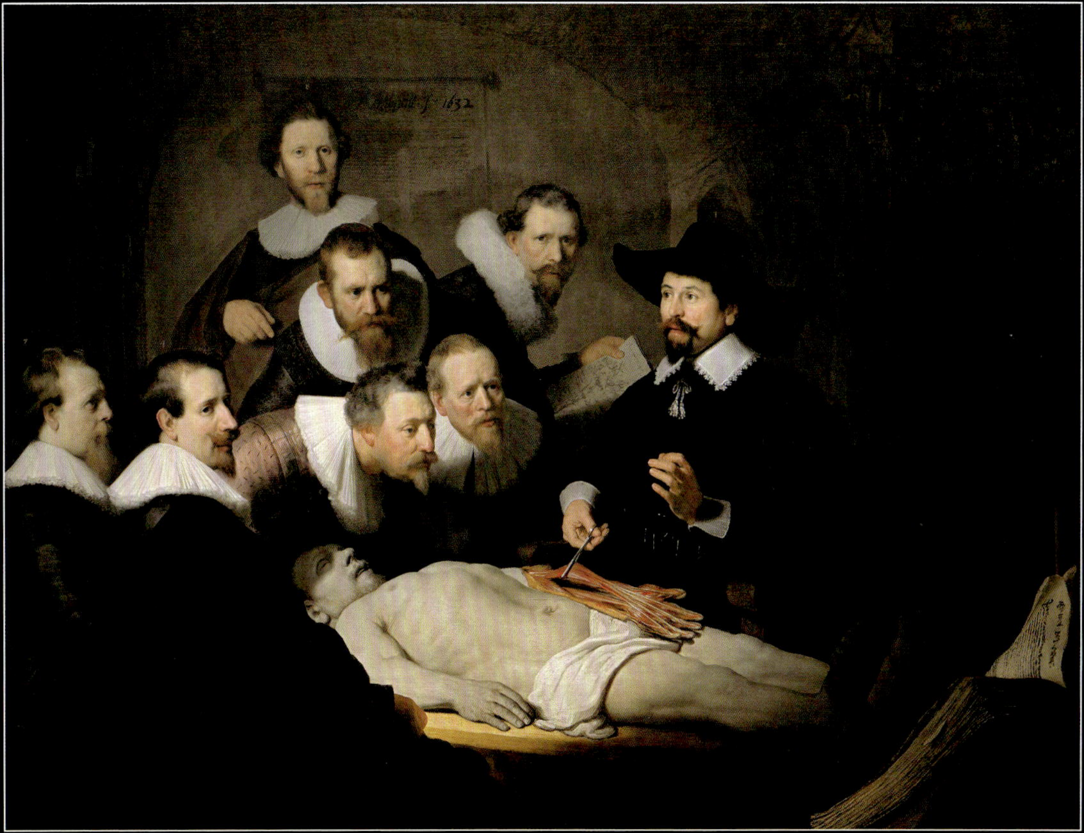

杜普医生的解剖课

伦勃朗，1632

布面油彩

169.5厘米×216.5厘米

莫瑞泰斯皇家美术馆，海牙

影响力

在 17 世纪 30 年代，伦勃朗的名望渐长。1632 年，伦勃朗绘制了阿玛利亚·凡·索尔姆斯（Amalia van Solms）的肖像，她是执政腓特烈·亨利之妻。估计是为了装饰共和国首府海牙的女王宫（Noordeinde Palace），亨利还委托制作了 5 幅系列大画，主题为“耶稣受难”。整个 30 年代，伦勃朗大部分时间都在绘制这批画。

伦勃朗不只依赖惠更斯一人，也不只是有凡·尤伦堡客户们的赞助。他在城中广泛结交专业技术和文化界人士。很多就是医学界人士，像杜普医生一样；彼时城中有 50 到 60 名职业医师。伦勃朗也和在阿姆斯特丹暂避的种种宗教团体有联系，比如葡萄牙裔犹太作家玛拿西·本·伊斯拉埃尔（Menasseh ben Israel），他还是荷兰共和国的第一位希伯来印刷商，同时是大哲学家巴鲁赫·斯宾诺莎（Baruch Spinoza）的老师。

这些泛泛之交有一些成了伦勃朗的主顾。阿姆斯特丹是当时最国际化的都市之一，而伦勃朗身上就展现着这种世界主义的特质。通过广泛的社交，伦勃朗巩固了自己炙手可热的地位。

伦勃朗最初投资于艺术生意中的 1000 荷兰盾必然回本了，

因为他开始充当艺术经纪人，经营自己和其他画家的作品。不过，18 世纪一位较为客观的传记作者阿诺德·豪布拉肯（Arnold Houbraken）曾提到，伦勃朗有时非常倔，难以合作，不理睬客户的需求。用豪布拉肯的话说，“别人得求他，还得加钱”。

1634 年是伦勃朗在阿姆斯特丹的第三年，仅仅三年，他的作品产量就创下了纪录。他被纳入圣路加画家行会，这对他而言意味着事业上获得了重要的认可。他可以继续带徒弟，并因此名利大增。费迪南德·波尔（Ferdinand Bol）和霍法尔特·弗林克（Govaert Flinck）后来也进入了荷兰“老大师”之列，他们在 17 世纪 30 年代都曾是伦勃朗的学生。

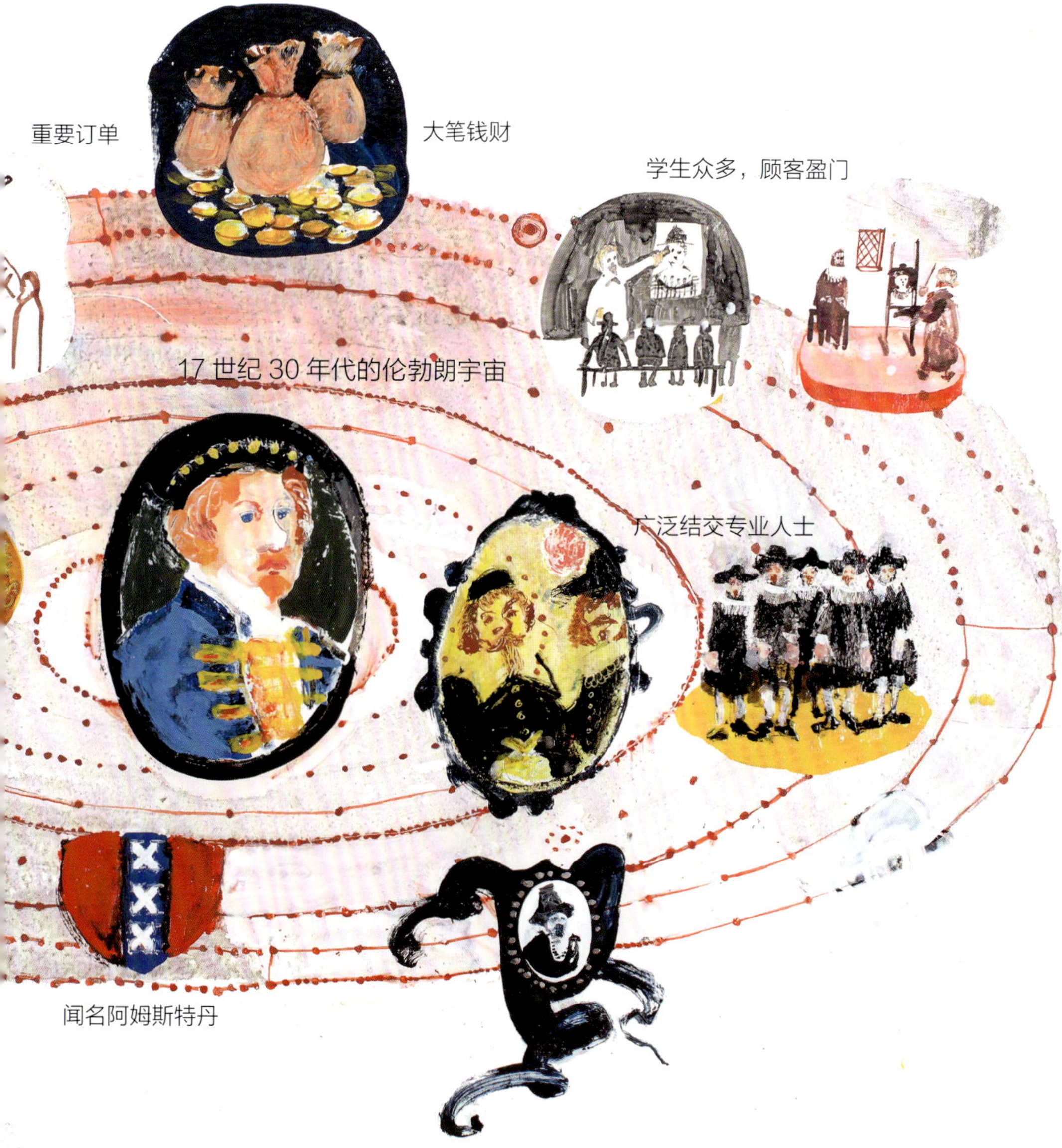

1633

可爱的萨斯基亚

1634 年可不仅仅是伦勃朗个人事业上的里程碑。这年的 7 月 2 日，伦勃朗和亨德里克・凡・尤伦堡的侄女萨斯基亚・凡・尤伦堡（Saskia van Uylenburgh）结婚了。

萨斯基亚是家中最小的女儿，父亲是个富有的贵族，曾经担任过吕伐登市的市长，吕伐登位于共和国的北方省份弗里斯兰。12 岁那年，萨斯基亚失去了双亲，寄养在长姐家里，成年后，她和叔叔搬去了阿姆斯特丹。和伦勃朗相遇相恋时，她大概只有 20 岁。

1633 年，伦勃朗画了一幅漂亮的素描，送给萨斯基亚作订婚信物。画面下方写着一行字："这幅画是照着我妻子画的，此时她 21 岁，我们订婚刚满 3 天。1633 年 6 月 8 日。"画中，萨斯基亚注视着她的丈夫，柔和的神情里透着一丝神秘，无法看清，她沉默着，似乎在想自己的事情，同时又好像是饶有兴致地打量着外界。伦勃朗给萨斯基亚画上了一顶简单的插花草帽，这种时髦的女性打扮，最早是 16 世纪在意大利流行起来的，最初属于田园和牧羊女主题。

萨斯基亚随身带来了一大笔嫁妆，连带着提高了伦勃朗的社会地位。伦勃朗显然是"高攀"的。萨斯基亚的嫁妆估计有 20,000 荷兰盾，也可能高达 40,000 荷兰盾。或许正因为此，纵然伦勃朗已经是颇有名望的艺术家了，萨斯基亚的监护人对于这桩婚姻还是有些犹豫，伦勃朗的母亲也一样。他们终究还是结婚了。可能是为了让萨斯基亚的亲戚满意，婚礼在她的老家弗里斯兰省举办。

他们的婚姻很幸福。两人彼此相爱，生活饶有趣味。但是，他们的生活没能摆脱苦痛，萨斯基亚陆续生了 4 个孩子，有 3 个都夭折了。1635 年冬天，长子鲁伯图斯（Rumbertus）出生，他在圣诞节前 10 天受洗，几个月后便去世了。那一年，城里暴发了瘟疫，五分之一的人口为此送命，鲁伯图斯可能也是受害者之一。

沉迷收藏

伦勃朗 29 岁时已然很富裕了。1635 年，结婚刚刚一年，伦勃朗就同妻子搬出了凡・尤伦堡家，在阿姆斯特丹城南租了一栋讲究的房子，房子位于新杜伦街，可以俯瞰整条阿姆斯特尔河。1637 年，他们搬去了更时髦的街区，住进了更大的房子。1639 年，他们又搬了新家，这所房子比前两所都宽敞，位于约旦布里街（也就是现在的伦勃朗故居博物馆），就在萨斯基亚的叔叔家附近。伦勃朗此时学生众多，所以在 1637 年到 1645 年，他在布鲁赫运河附近租了个废弃的厂房，改造成了工作室。在此期间，伦勃朗频繁参与拍卖和作品销售，经营艺术生意。和同时期的富人没有两样，伦勃朗有着丰富多样的藏品：艺术品、世界各地的珍宝、各种科技发明和历史文物、武器、植物、动物标本还有色情艺术品（伦勃朗可不是圣人）。他和萨斯基亚养了几只宠物，包括几只狗和一只“脏兮兮”但是惹人爱的猴子。

亨德里克・凡・尤伦堡据说有个人生信条:“节制中有力量。”但是，伦勃朗和萨斯基亚都没有留心。在伦勃朗的余生，但凡涉及艺术品生意，伦勃朗总是很挂心，甚至到了极端的地步，这种强烈的冲动很大程度上导致了后来的破产。当时荷兰证券市场刚刚兴起，伦勃朗也卷入了几起投机活动。这一时期最出名的就是关于郁金香的投机活动，即所谓的“郁金香热”。1636 年，这一狂热达到峰值，一株郁金香球茎能卖出的价格，比一个手艺人一年的薪水还高 10 倍。后来郁金香市场崩盘，许多没那么谨慎明智的投机者都付出了巨大的代价，“郁金香热”也变成了市价远高于实际价值的代名词。我们不清楚伦勃朗是否也赶上了这遭蠢事，不只他和萨斯基亚，城中有相当一部分人都没有理性消费的观念。

浪荡子

1638 年，矛盾爆发了，萨斯基亚的亲戚指责她“爱摆排场”，挥霍遗产。伦勃朗坚决拒绝这一指控，甚至告他们诽谤。庭审记录显示，伦勃朗自称他和妻子是“获赠巨额财产”，因此他们极其宽裕，不应该受到这种指责。伦勃朗的控诉失败了。有趣的是，刚结婚没多久，伦勃朗就画了一幅画描绘他和萨斯基亚的奢靡生活。伦勃朗把自己画成了圣经故事里的“浪荡子”，故事中人生活腐朽，浪费掉了向父亲讨来的全部遗产。画里，化身浪子的伦勃朗在小酒馆里喝酒招妓，萨斯基亚被画成了妓女，坐在他腿上。两人沉迷在生活之欢中，尽管萨斯基亚看上去远远没有伦勃朗那么放纵。19 世纪的英国艺术批评家约翰·罗斯金（John Ruskin）很喜欢这幅画，尽管总体上他并没有特别偏爱伦勃朗。罗斯金说这幅画是他“目前所见过的伦勃朗作品中最好的一幅”，因为它描绘了罗斯金心中“理想的幸福状态”。

诽谤案的这一年，伦勃朗的第二个孩子出生，伦勃朗以母亲之名给这个女儿取名为柯妮丽娅（Cornelia）。受洗后不久，柯妮丽娅还是去世了。

酒馆里的浪荡子

伦勃朗，约1635

布面油彩

161厘米×131厘米

老大师画廊，德累斯顿

自画像

伦勃朗，1640

布面油彩

102厘米×80厘米

国家美术馆，伦敦

破产前最后的骄傲

从物质上来看，1639 年是伦勃朗生活的最佳时期。年初，他买下了约旦布里街的大房子，所谓的两层楼，房子刚扩建好，组织扩建的应该是当时最著名的荷兰建筑师雅各·凡·坎彭（Jacob van Campen），他当时刚刚建了大剧院。房子里有足够的工作室和教学空间。不过，这可不是便宜货，伦勃朗整整花了 13,000 荷兰盾。卖家是克里斯托弗·泰斯（Christoffel Thijs），伦勃朗打算分期付款，连本带息 5 年还清。全家在 1639 年 5 月 1 日搬了新家，5 月 1 日搬家是当时的习俗。

一年后，34 岁的伦勃朗画了一幅自画像，画面表现出画家志得意满之感。画中人的姿势借鉴了提香的一幅画——学者认为那幅画也是自画像。伦勃朗肯定了解提香的原作，因为它就藏于西班牙裔犹太商人阿方索·洛佩兹（Alfonso Lopez）家，洛佩兹经营钻石和艺术生意，他与伦勃朗相熟。他曾经购买过伦勃朗早期作品《巴兰和驴子》（见第 11 页）。

很快一切都不妙了。1639 年，伦勃朗终于完成了亨利亲王委托的“基督受难”组画，但是，他和亲王的委托人惠更斯发生争执，伦勃朗提出增加报酬，遭到了拒绝，对方干脆拖延付款。1640 年 2 月 17 日，他终于得到了报酬，总额却比预期的低很多。在惠更斯看来，二人的合作关系已经破裂。他不再为伦勃朗牵线推荐重要的创作委托。

严师

据17世纪作家、画家约阿希姆·冯·桑德拉特（Joachim von Sandrart）记载，“前往伦勃朗家求教的年轻人不计其数”。伦勃朗教学投入，要求严格。他一生中似乎有超过50名学生或学徒，其中不少后来也都独当一面，颇有所成，积累了不少财富。

对于不少学徒来说，学习的一部分就是制作“伦勃朗风格”的画作，以及复制伦勃朗自己已经出售给公众的作品（经本人认可）。这在当时是很寻常的做法。也是因此，好几幅之前认为是伦勃朗的作品，近年都由专家借助科学技术手段重新核查，仔细分析绘画的技法，研究基本的画面结构，最终确定这些画是伦勃朗那些身份尚不明确的学生或者追随者所作。

伦勃朗的学生在阁楼上的大工作间工作。而他自己的工作室兼藏品阁则在下面一层。另外，伦勃朗可能还将部分学生安置在布鲁赫运河的仓库那里。

伦勃朗主要通过写生模特进行教学，不过，他的作坊重心在于历史和圣经题材绘画，有时候也会让学生自行架构场景，扮演当中的角色，再照着画出来。有个传闻说，学生有时会过火。有位学生决定自己也赤条条地来为裸体模特绘画。最后二人双双被伦勃朗毫不客气地赶出了作坊。

现存作品里，有几幅素描上方留有伦勃朗修改的痕迹，以此作为教学之用。据豪布拉肯记载，伦勃朗在 40 年代带的学生萨缪尔 · 凡 · 霍赫斯特拉滕（Samuel van Hoogstraten），后来也成了大名鼎鼎的画家，他就曾经因为难以达到老师的标准，内心挫败，大哭不已。

死神临近

伦勃朗功成名就，却也为痛苦所纠缠。1640 年夏天，萨斯基亚产下第三个孩子，同样是女儿，同样命名为柯妮丽娅。婴儿在 7 月 29 日受洗，不久后就死亡了。纵然当时婴儿死亡率确实很高，但对他们来说这件事依然难以接受。1640 年年末，伦勃朗的母亲去世了。她没有任何实体资产，留下的 9960 荷兰盾不是投资地产就是贷给别人了（在当时，银行业正处于刚刚萌芽的状态，大多数人更愿意把钱借给私人）。她子女众多，我们无从得知这笔钱最后怎么分配的。但无论如何，这些都不见得能解决伦勃朗日渐严重的财务危机。

近一年后，萨斯基亚生下一个男孩取名提图斯（Titus），这个孩子最终幸存了下来。他是以萨斯基亚最喜欢的姐姐提提亚（Titia）的名字命名的，为的是纪念另一桩伤心事：提提亚以往常常拜访凡·莱因家，但在提图斯出生前几个月去世了。提图斯于 1641 年 9 月 22 日在附近的南教堂受洗。

哀悼萨斯基亚

不幸的是，1642 年 6 月 14 日，提图斯不到一岁，未满 30 岁的萨斯基亚就去世了。36 岁的伦勃朗成了鳏夫。萨斯基亚安葬在阿姆斯特丹名声赫赫的老教堂，如今她的墓地上方还留有一块碑以纪念她。教堂是阿姆斯特丹现存最古老的建筑，始建于 1213 年。萨斯基亚在遗嘱中将一半的财产留给了提图斯，另一半留给了伦勃朗，前提是他不能再娶。这份遗嘱对伦勃朗后来的生活影响深远。

众所周知，萨斯基亚和伦勃朗有过一段非常幸福的婚姻；我们难以想象对于伦勃朗来说失去她意味着什么。他为她画了那么多画，有几幅描绘了她身体健康时的样子，很多后期的素描里，她卧床休息，有时睡着了，看上去好像病恹恹的，神情憔悴，但这些画同样画得很精细。

17 世纪 40 年代早期，伦勃朗的确承受着严重的打击和痛楚，但他依然坚持创作和教学。1642 年，就在萨斯基亚去世前几个月，他完成了如今举世闻名的《夜巡》(*Night Watch*)。

夜巡

伦勃朗, 1642

布面油彩

379.5厘米×453.5厘米

国家博物馆, 阿姆斯特丹

《夜巡》人物图解

1.队长弗兰斯·班宁·科克
2.副官威廉姆·凡·鲁腾布鲁克
3.火枪手
4.少尉扬·维斯切尔·科内利森
5.中士劳伯·凯普
6.鼓手
7.男孩
8.提着死鸡的黄衣女孩
9.火枪手
10.火枪手
11.雅戈布·迪尔克森·德·劳伊
12.火枪手
13.火枪手
14.火枪手
15.年纪最长的火枪手
16.青年火枪手
17.火枪手
18.火枪手
19.火枪手
20.正和凯普讲话的火枪手

“笔意多么精微，构图如此巧妙，力量更是过人!”

——萨缪尔·凡·霍赫斯特拉滕

这幅巨作原来并没有打算要画成夜间场景，只是年代久远，画面变暗了。这是一队民兵组织，这些民兵组织负责维护城市的秩序和治安。其成员都是阿姆斯特丹名流（在这幅群像画里主要是纺织业的商人），整支队伍用于辅助拥有权力的城市执政官，维护居民的自由和财产安全。

尽管画中大部分人的身份现已无从知晓，但当时，每个在画中清晰露脸的人都为了这份荣耀付了伦勃朗大概 100 荷兰盾，其他面部刻画模糊的人，则与其在画面上的位置对应从而付得少些。

画面中最重要的人是队长弗兰斯·班宁·科克，他站在正中，一身黑衣，披着红色绶带，看起来正要示意离开。科克也是城市委员会的一员。到了 50 年代早期，他还当上了市长。他身旁那位一袭亮黄色华服，披着白色绶带的人，是他的副官威廉姆·凡·鲁腾布鲁克。他明亮的服装仿佛是幕布，科克伸出的手在副官的衣服上投下阴影。另一个重要人士是少尉扬·维斯切尔·科内利森，他扛着队旗。

阐释

画中最令人不解的，或许是其中的小女孩，她也穿了一身耀目的黄色，置身男人之中，提着一堆东西，其中有一只死鸡。带她过来，是为了讨个吉利。有人指出，这女孩和萨斯基亚有几分相似。

画面最显要的特点在于构图。伦勃朗没有遵从当时的惯例——把模特整齐地画成一排，就像弗兰斯·哈尔斯（Frans Hals）和彼得·考德（Pieter Codde）稍早时候的一幅民兵组织的群像画那样——而是用自己的方式，把他们画得错落有动感（可能经过设计），仿佛这群人正准备大白天出门巡逻。

当时的人们是如何看待这幅不同寻常的画作的，这个问题一直有人争论。一定程度上是因为凡·霍赫斯特拉滕的叙述，他本人也在这幅画揭幕时的现场，他说此画看起来太跃动，甚至有些混乱，让人迷惑。凡·霍赫斯特拉滕声称，作品强化了戏剧效果，削弱了肖像画的感觉，这“太过于按照伦勃朗个人的想法了”。不过，也有证据表明，事实上，委托人对此是认可的。科克本人至少拿到了一幅水彩的复制品，原作则挂在民兵队集会厅显眼的位置。

高个警卫队

弗兰斯·哈尔斯和彼得·考德，1637

布面油彩

209厘米×429厘米

荷兰国家博物馆，阿姆斯特丹

家庭祸端

1642 年，萨斯基亚死后，海特切·迪尔克斯（Geertje Dircx）来到了伦勃朗家，给提图斯当乳母。迪尔克斯据说是“小号手的遗孀”，30 出头，干劲十足（和娇弱的萨斯基亚对比鲜明），健壮懂事，虽然没什么文化。伦勃朗被她吸引了。不顾萨斯基亚的叔叔和整个阿姆斯特丹的强烈反对，她作为伦勃朗事实上的妻子，与其同居了 6 年。伦勃朗因此失去了几个原本支付了高昂学费的学生，但他不在乎，并且把萨斯基亚的昂贵珠宝送给她。1647 年，在提图斯五六岁时，一个更年轻的女人出现了。中士之女亨德里克耶·施托费尔斯（Hendrickje Stoffels）来到了伦勃朗家，她长相美丽，起初是伦勃朗的模特，后来成了他的情人。

海特切发现了伦勃朗和亨德里克耶的风流韵事，1949 年，她把他告上法庭，罪名是违诺。伦勃朗和亨德里克耶坚决拒绝承认，毕竟，萨斯基亚留下了遗嘱，再婚在经济上就不能成立。法庭站在伦勃朗一方，但判定他每年付给海特切 200 荷兰盾，维持生活所需。

海特切离开了。麻烦还在继续。伦勃朗发现她典当了一些萨斯基亚的珠宝，那严格说来是提图斯的财产。伦勃朗采取了报复行动，海特切入狱了，在豪达市的教养院关押了5年。

新的气质，新的主题

虽然家庭生活一团糟，但这些挫折并没有阻碍伦勃朗的艺术创作。在 17 世纪 40 年代，他的画作出现了两个相互关联的变化。

首先，他画中渐渐显出简朴、内敛、沉静的气质，与观者的亲近感也更强了，这和《夜巡》那种戏剧化特征明显的作品截然不同。其次，伦勃朗涉及的主题也越来越多。17 世纪的荷兰画家大多深耕一类题材，比如风景画、肖像画、静物画、风俗画，伦勃朗不减反增，他原本以画肖像、圣经和神话题材为主，之后明显转向了周遭的风景，从中获取新的灵感。伦勃朗的风景画以油画、版画、素描等多种形式呈现。1645 年的蚀刻版画《欧瓦尔》(*The Omval*)，画的是阿姆斯特尔河与运河交汇处，表面上看是一幅水边的灵动风景。前景里，一棵伤痕累累的巨树占满了画面左半边，一对小得看不清的情侣站在树荫里。伦勃朗的风景画主要是素描和版画。照理说蚀刻版画得在工作室里完成，不过，伦勃朗会先在室外起稿，他会一种特殊的雕版技术——干刻法（drypoint），能在金属蚀刻母版上直接用尖锐的工具（一种雕刀）雕刻记录自己的所见。

伦勃朗怎么这个时候开始去乡间溜达了？关于这个问题有好几种说法。散步明显能让他从家中的烦心事里暂时脱逃。在当时，人们还认为写生素描有助于疗愈抑郁，按照惯例，艺术家们据说很容易产生这类抑郁的情绪。最重要的，画风景有利于伦勃朗画风的洗练。伦勃朗对这类风景题材的描绘为自己的作品带来了一种新的风格，此后多年，伦勃朗的整体风格越来越微妙、玄冥。

欧瓦尔

伦勃朗，1645

蚀刻版画

18.6厘米×22.6厘米

荷兰国家博物馆，阿姆斯特丹

基督布道（一百荷兰盾的版画）

伦勃朗，约1646—1650

蚀刻版画

28.2厘米×39.5厘米

荷兰国家博物馆，阿姆斯特丹

著名版画家

伦勃朗专注的另一领域是版画。在 1642 年，也可能早在 1639 年，他开始制作一幅圣经主题版画，后来成为他最爱的作品。伦勃朗构思精巧，把《马太福音》里耶稣教导、疗愈和祝福平民融合进一幅场景。人们扶老携幼，围在耶稣身边，曾指责耶稣的教士们也在围观。多年来，伦勃朗一遍遍修改这一母版，他的技巧兼有新旧，并尝试了多种构图方法统一画面效果。

伦勃朗的宗教版画和宗教绘画一样没有明显的道德说教意味，相反，他的作品看起来非常个人化，并发人深思。它们理所当然地在描绘时将自然、人性和神性融合在一起，其意蕴丰富、扣人心弦也正是倚赖这三重视觉和感觉效果。

从 18 世纪上半叶以来，这幅画被称作《一百荷兰盾的版画》。其副本曾被拍出一百荷兰盾的天价，因此得名。传闻伦勃朗本人为了提高这幅作品和他本人画作的名气，故意炒高了价格。

版画在 17 世纪是重要商品，不少名画也被做成蚀刻版画。伦勃朗有缘得见鲁本斯和卡拉瓦乔的作品——都是他钟爱的——八成就倚靠版画。伦勃朗的好友克莱门特·德·容格（Clement de Jonghe）是版画商兼出版商，他就出版了很多由伦勃朗的油画改做的版画。伦勃朗在制作如《一百荷兰盾的版画》这样的宗教题材作品的同时，也在制作色情题材的版画。

艺术家经常会修改母版，来回调试作品；雕版可以再次打磨，消除原有的刻痕，再划上新的线条和纹理。藏家也乐得购入版画制作过程中不同“状态”或“印次”的样本。有时候，藏家甚至买下同一版印出的多张作品，因为墨水在母版上的涂法以及不同的纸张也会改变画面呈现的效果。伦勃朗尤为偏爱进口东方纸。

扬·西克斯：诗人、剧作家和朋友

在17世纪40年代末和50年代，伦勃朗为本地名流制作了许多蚀刻版画肖像。其中一幅是1647年为剧作家扬·西克斯（Jan Six）所作。西克斯和伦勃朗是朋友，二人无疑是出于对戏剧的共同爱好而结下了友谊。西克斯家境富裕，其家人是从法国逃来的新教胡格诺派教徒；父亲的父亲刚来到阿姆斯特丹时，就开了染坊和丝绸作坊，父亲去世后，产业由西克斯的母亲掌管，其人精明强干，有商业头脑。西克斯本人则更喜爱艺术、文学和学习研究，在城中文化圈小有名气，并与哲学家斯宾诺莎和勒内·笛卡尔（René Descartes）有交流。西克斯和伦勃朗一样也喜欢收藏，拥有很多荷兰和意大利艺术家创作的绘画和工艺品。在这幅蚀刻画上，比伦勃朗小12岁的西克斯正在明亮的窗前阅读，许多书堆在他身边。画面中描绘空气的手法获得许多人的称赞，伦勃朗描绘出了一种书卷气，画面的色调丰富、深邃，无比惊人。

伦勃朗还为西克斯完成了几幅作品，1648年，他为西克斯大名鼎鼎的剧作《美狄亚》（*Medea*）创作了卷首插图蚀刻画。1652年，他还为西克斯的《聚友集》（*Album Amicorum*）创作了两幅蚀刻画，1654年，他更是为西克斯创作了巨幅油彩肖像画。但之后不久，二人的关系冷却了。1655年，西克斯娶了尼古拉斯·杜普医生之女，他没有邀请伦勃朗，而是让伦勃朗之前的学生弗林克为他的新婚妻子画像。

扬·西克斯

伦勃朗，1647

蚀刻版画

拔示巴手持大卫王的信

伦勃朗，1654

金钱、性和丑闻

海特切离开后，伦勃朗的家庭生活安稳了下来，他和亨德里克耶同住，年幼的提图斯也因此有了个和睦、温暖、稳定的家庭。但财务危机持续困扰着他们。

整个 17 世纪 50 年代，伦勃朗持续收徒弟，也接了一些重要的委托订单，因此收入很不错。他的版画也能赚钱。但他的开销实在太大了，远远超出他赚到的钱。他因为房子欠下大笔贷款，而且他还不停不休地买画，藏品越来越多。他还参与投机生意——据记载，“损失惨重”。至此，他已经负债累累了。

伦勃朗一度稳住了他的债主们，包括泰斯，在买下他的房子十几年后，伦勃朗的欠款依然高达 8470 荷兰盾。但势头渐渐变了，1653 年，整个阿姆斯特丹城陷入了金融危机，因为一年前的贸易冲突而爆发了英荷战争。英国人开始封锁经济，荷兰因此颇受打击。经济开始衰退，伦勃朗的债主们纷纷讨债。可伦勃朗确实还不上。他唯一能做的是从别人那儿借钱，比如向扬·西克斯借了 1000 荷兰盾，试图还上钱。但希望依旧渺茫。

在此期间，亨德里克耶还怀孕了，她因此受到了公众的辱骂。据记载，1654 年，属于归正会（伦勃朗是其成员，而亨德里克耶不是）的阿姆斯特丹议会控告她非正当同居。1654 年，伦勃朗画了一幅拔示巴阅读大卫王信件的画，这是伦勃朗从 17 世纪 50 年代开始描绘的一系列裸女习作中的一幅，这幅画虽为裸像，却无情色味道。作品看起来很感人，似乎反映了这对情人的私人生活。亨德里克耶可能就是模特，扮演了美丽的已婚女性拔示巴，不情愿地与大卫王通奸。拔示巴因此怀孕，大卫王为了掩盖自己的罪行，命人杀死了拔示巴的丈夫。不过，现实中的伦勃朗和亨德里克耶则很美满。他们的女儿——还是叫柯妮丽娅——即提图斯同父异母的妹妹，出生时非常顺利，此时已 13 岁了。

破产

1656年，伦勃朗的经济问题非常严重，已经无可逆转了，5月17日，他不得不申请破产。这还是在他一直接重要订单且有收入的情况下。他欠下的金额之巨大可见一斑。

伦勃朗筹到了足够的钱，让泰斯把约旦布里街的房产转到了他名下。但他还是欠泰斯钱。为了规避风险，伦勃朗狡猾当然也合法地把房地契转给了提图斯。提图斯15岁了，一个叫作路易斯·克莱耶斯（Louys Crayers）的人受托当他的合法看护人，庇护其免受父亲的经济问题影响。克莱耶斯之后打赢了一场财产官司，帮提图斯拿回了破产时萨斯基亚的遗产里被没收的部分。

伦勃朗的所有收藏被核查编目（这些目录今天是无价之宝，重要的艺术史档案），在之后的3年里，伦勃朗的房子和无数藏品接连被拍卖。唯一没卖的是伦勃朗的画具。他依然在工作和教学，但作品售出的钱和学生交的费用，依然不够还债的。更让人忧心的是，有证据表明这段时间伦勃朗依然开支过大。难怪萨斯基亚的亲戚们担心伦勃朗会把本属于提图斯的遗产花完。

提图斯

这是伦勃朗心爱的儿子，他的生命已经在伦勃朗为其所作的大量素描和油画中不朽。这幅 1657 年的肖像画极为动人，尺寸大约有真人大小，作于他们的住宅和财产正遭没收抛售之际。提图斯一定也深深感受到了压力；我们看到他的表情严肃、悲哀，他才 16 岁，看起来年纪却更成熟些。他还年轻，却必须承担未曾预料到的压力和责任。

1655 年到 1657 年间，提图斯名下除了有约旦布里街的房产，还立下了 3 份遗嘱，这都是受伦勃朗教唆的。考虑到伦勃朗不稳定的经济状况，这样首先能保证萨斯基亚给提图斯的遗产的安全。如果提图斯没有生下孩子就死了，遗嘱使得伦勃朗可以成为其继承人。这幅画揭示了这对父子对当前的状况了然于心。它也证明了二人之间的关系紧密有力。

搬到罗镇运河

没办法，伦勃朗、亨德里克耶、提图斯和小柯妮丽娅不得不从约旦布里街的大房子搬走。具体搬家日期不详，总之是在1658年5月以后，最终在1661年8月，他们全部搬到了城西的罗镇运河，房子位于新盖的约旦街区，比之前住的地方普通了很多。这片街区住了很多手艺人和小商店主，也住了一些画家，比如之前与伦勃朗合办工作室的老搭档利文斯，约旦区正慢慢变成一块新的艺术区。（1644年利文斯从国外返回阿姆斯特丹，但是不清楚他和伦勃朗是否重新联系上了。）伦勃朗的新家还算称心，面朝运河和小公园，每年只需要225荷兰盾的租金。不过，这一带到底是工人阶级街区，处处又脏又挤，住宿条件很差。

晚年的时候，伦勃朗和他的家人勤奋工作，试图解决他们持续的经济问题。伦勃朗把自己的身份登记为"无产者"，这是他在合法基础上采取的一种复杂策略。这意味着在法律上他成了亨德里克耶和提图斯的雇工，他们建立了商业合作关系，开始帮伦勃朗经营管理，这大概是1660年12月的事。伦勃朗在提图斯的艺术商铺里卖画，而提图斯则管他吃住。据记载，此时他多产到惊人的程度。从1634年他在凡·尤伦堡店里做事（那时他还只是个年轻的画家）以来，伦勃朗的出画量都有记录，1661年这一数目达到峰值。他愈加声名远播，并且还在收徒弟，虽然这些人都没有早年的徒弟那么争气了。伦勃朗晚期的学生中，有一个比较知名的，是多德雷赫特来的阿尔特·德·赫尔德（Aert de Gelder），据说他的画风神似伦勃朗。尽管如此，伦勃朗依然为贫穷所困。

新朋旧友

伦勃朗在罗镇运河过着平静的生活。他失去了一些朋友和重要主顾，但还维持着庞大的社交网络。伦勃朗破产的实际原因主要是误判了经济形势，而且运气也不好，非不诚信甚至欺诈，因此他没有受到太多攻击，当时因为经济下行而破产的人不在少数。海景画家、实业家兼收藏家扬·凡·德·卡佩尔（Jan van de Cappelle）和伦勃朗素有交情，他藏有伦勃朗的7幅油画和500多幅素描，这些可能是他在某场专门拍卖伦勃朗的家什的拍卖会上拍下来的。诗人耶雷米亚斯·德·德克尔（Jeremias de Dekker）也是伦勃朗的朋友，他赞美伦勃朗“高明、可敬的心灵”，称他为“当代阿佩莱斯”（Apelles，古希腊画家，其作品一度被认为胜过米开朗基罗和拉斐尔）。伦勃朗也依然和当地的科学家、医生、教士们保持着密切的友谊。

伦勃朗似乎被现居地的新邻居们吸引了。他一直对不同阶层的人有强烈的兴趣和同情，终其一生他都保留着这一个性。伦勃朗有些门诺派教徒和犹太人朋友也杂居在这里。1661年，他画了晚年最美丽的画之一，《两个摩尔人》（*Two Moors*）。鲁本斯创作过一幅很相似的画作，他固然是伦勃朗的重要灵感，但是，这幅画估计还是直接写生的。阿姆斯特丹是大都市，在城里，乃至在整个荷兰共和国，住着来自世界各地形形色色的人，有非洲人，也有荷兰在美洲和西印度地区殖民地的非洲后裔。不同寻常的是，伦勃朗这幅双人像透露着精微的体察和尊重，他没有仅仅把模特们当作异域珍奇，这一点令人敬佩。

反叛依旧

17 世纪 50 年代，新一代艺术消费者群体成熟起来，包括商人、普通市民和贵族，他们带动了新的艺术品位，偏爱精细、美化的作品，而伦勃朗深邃撼人却不够媚俗的作品与此相抵触。

1681 年，伦勃朗去世 12 年后，诗人安德里斯·佩尔斯（Andries Pels）评论道，“他拒绝希腊美神当他的模特，反而选中洗衣妇、谷仓里踩煤渣的工人。他的谬误或许才是造化之真，其余只是空洞的装饰。下垂的乳房，扭曲的手，紧身衣和长筒袜勒出的印子，这些都得留心，否则造化是不会满意的。”

这个世纪中叶流行精致画风，静物画市场变得很大，这就是所谓的“奢侈静物”（pronkstilleven）。这和伦勃朗 1655 年的画——肉店里挂着被宰的牛——真有天壤之别！

伦勃朗的不少老主顾都在赶时髦，包括扬·西克斯，熟客在流失，他们去找年轻一代艺术家了。

厄运之作

1661 年，伦勃朗开始着手创作的一桩单子又遭到了意外，足以表明时髦品位和真正的艺术想象力正激烈冲突。之所以说意外，是因为伦勃朗甚至都不是首选画家。

1655 年 7 月 29 日，令人期待已久的阿姆斯特丹新市政大厅终于建成，之前的大楼在 1652 年被烧毁。新大楼由凡·坎彭设计，属于新古典主义风格，光彩夺目，有大圆顶，内部公共区和行政区很大，铺有亮白的大理石，大厅内墙需要有恢宏之作来装饰。

扬·利文斯受命作画，然后，弗林克接到了最重要的单子，要创作 8 幅大画来纪念荷兰建国，主题是巴塔维亚土著克劳狄乌斯·西威利斯（Claudius Civilis）领导起义反抗罗马人的故事。但是 1660 年弗林克去世，伦勃朗接手了弗林克没完成的任务——或许是凡·尤伦堡为伦勃朗美言了几句。1661 年和 1662 年的大部分时间，伦勃朗都忙着画他的巨作《克劳狄乌斯·西威利斯的密谋》（*Conspiracy of Claudius Civilis*）。这是他画过的尺寸最大的作品，几乎有 5.5 米见方。

但是它并没有长期保留在原地。关于作品为何很快从市政厅被撤走，有很多种解释。总的来看，画面粗糙，看起来实在丑，难以让人满意，伦勃朗还把举世景仰的英雄克劳狄乌斯画成刀疤脸，瞎眼清晰可见，人们认为伦勃朗的这种画法冒犯了英雄克劳狄乌斯。画撤了下来，留存至今的只是原画的一个局部，尽管这也已经很大幅了。据说是伦勃朗为了方便把画卖出去才把画面裁小了。这幅画得赶紧卖出去，因为伦勃朗根本没得到报酬，他急着筹钱：那一年，他不得不卖掉了萨斯基亚在老教堂的墓地。其骨灰被迁到了约旦区，伦勃朗死后也葬在了那里。

克劳狄乌斯·西威利斯的密谋

伦勃朗，1662

布面油彩

196厘米×309厘米

国家博物馆，斯德哥摩尔

秉持原则

“如果我想要振奋精神，我不会去追逐荣誉，而是追逐自由。”

我们不清楚这些庄矜的话语是否真的出自伦勃朗之口，总之几位艺术界权威是这么认定的，比如豪布拉肯，另外法国画家兼批评家罗杰·德·皮勒（Roger de Piles）1699 年也如此记录。引文中透露的敏锐，的确符合晚年伦勃朗的风格，此时的他，无论个人生活、职业生涯还是艺术追求，都坚持这种行事作风。不同于更偏向装饰意味的画家波尔和弗林克之流，伦勃朗丝毫不想迎合权贵。他一直在探索油画和雕版画的新技法，尝试新构图，挑战了艺术传统和流行趣味，只为描绘出情韵悠长、感人至深的画面。他坚守自我风格，不讨好他人，不求扩大名望；他在熔炼自我之路。有不少达官贵人对伦勃朗这样的选择颇为欣赏。

晚年依然有人请伦勃朗作画，要么是市参议员，要么是品位不凡之士。阿姆斯特丹裁缝行会不止一次委托他画群像，他在国外也有忠心耿耿的倾慕者，比如西西里贵族藏家安东尼奥·鲁福（Antonio Ruffo）。（不过，鲁福后来和伦勃朗因为酬金谈不拢断交了。）1667 年 12 月 27 日，托斯卡纳大公斐迪南二世（Ferdinand Ⅱ）之子，尊贵的科西莫三世·德·美第奇（Cosimo Ⅲ de' Medici）甚至带着一批随从来到伦勃朗的寒舍拜访他，这是科西莫三世德国、荷兰之行的一部分。尽管这次访问没给伦勃朗带来生意，但也说明了伦勃朗本人已经成了阿姆斯特丹的名胜。

又遭重创

1663年7月24日，还不到40岁的亨德里克耶去世了。她被埋在西教堂一处租来的墓地里。那年阿姆斯特丹暴发了瘟疫，许多市民都因此去世，她也未能幸免。阿姆斯特丹的海上贸易不仅为这个城市引进了财富，同时也招来了寄生虫，这些虫子带来了鼠疫。1656年，城中有18,000人去世；1663年下半年，有10,000人去世，1664年死亡人数更为可怕，达到了24,000人，几乎是城市总人口的五分之一。整个城市都危机四伏，约旦区因为穷困，卫生条件更差，所以受到了重创。

伦勃朗又一次痛失了灵魂伴侣，无论是在实际生活中，还是日常事务上，他都依赖亨德里克耶和提图斯，他们尽可能帮他维持生计。亨德里克耶可能病了好一阵子了，因为她在1661年的时候就认真立了遗嘱。这也难怪，毕竟，全家上下的麻烦和经济问题都得她处理。

亨德里克耶去世后，所有生活事务都落在了提图斯肩上。根据保护人条款，22岁的提图斯尚属未成年人，这一点使得他无法全权照顾整个家庭。他专门向法庭申请了独立资格，终于收到了他母亲的遗产——很大部分已经花了。提图斯继续为伦勃朗担任经纪人，努力工作，但并不总能成功处理他父亲的事务。他的人生规划就是继续为父亲做事，在他和亨德里克耶开的店里卖艺术品和古董。

一桩婚事，一个婴儿，两场死亡

1668 年 2 月 10 日，27 岁的提图斯娶了马德琳娜 · 凡 · 卢（Magdalena van Loo），他的母亲萨斯基亚姐妹的侄女。这两人很般配，这桩婚事让伦勃朗家同凡 · 尤伦堡家的关系更紧密了。提图斯夫妇搬入了女方舒适的家里，不久后马德琳娜就怀孕了。伦勃朗住在约旦区，由管家和 15 岁的柯妮丽娅照顾。

提图斯夫妇的快乐很短暂。就在这一年，提图斯也染上瘟疫，于9月7日去世。

6个月后，即1669年3月，他们的女儿提提亚出生了。就在同一年，马德琳娜也随丈夫而去，提提亚成了孤儿。

还剩下什么？

1668 年或许是伦勃朗最痛苦的一年。谁又能对他的丧子之痛感同身受呢，提图斯是他最好的朋友，他的经纪人，掌握着他所有财产的生命线。他只有柯妮丽娅一个孩子了，此时她才十几岁，要到 1669 年提提亚才会出生。这些好歹让他稍稍宽慰，只是无法再撑起他的生活。

伦勃朗已经老了，他 62 岁了，被艺术时尚甩在了后面，而他曾经的学生紧跟潮流，早已功成名就，也疏远了他们的师父。他从没像现在这么穷过，而且前途亦不明朗。瘟疫在阿姆斯特丹年年肆虐，整个荷兰政治动荡，市民暴动迭起，在这种情况下，即使伦勃朗放下了画笔，放弃创作，也情有可原。

但伦勃朗没有。在生命最后的一年多里，他无疑完成了最好的作品。以圣经故事中的“浪子”为主题的画是其中的顶尖之作。和萨斯基亚刚刚结婚时，伦勃朗曾经画过这个主题。

早年那幅画描绘的是浪子在意识到自身错误之前的那段生活。而 1668 年的这幅，同早年作品有云泥之别。这幅作品画的是潦倒的浪子扑进父亲怀里，回到了避风港。而他的父亲，放下了所有的架子和不满，俯身拥抱儿子，他没想过儿子还能迷途知返。学者格雷戈尔·J. M. 韦伯（Gregor J. M.Weber）说，这一幕关乎终极的和解。“画面中并没有任何从不幸突然转为好运的喜悦迹象…… 相反，这轻轻一抱传达的是永恒的和解。”

我们不知道伦勃朗何时起意作这幅画的，估计是在提图斯死后完成了作品。因此我们难以忽视这幅画同伦勃朗本人的联系。他和提图斯，谁是父亲，谁又是这浪子？无论两人在其中各自扮演的是哪个角色，这幅画的力量在于它表现出了忏悔和救赎。20 世纪荷兰神父兼灵修作家亨利·努文（Henri Nouwen）也注意到父亲拥抱归来浪子的手有些异样，其中一只手大而有力，具有男性气质，另一只手纤细修长，具有女性气质。

浪子回头

伦勃朗，1668

布面油彩

262厘米×205厘米

艾尔米塔什博物馆，圣彼得堡

伦勃朗之死

1669年10月4日，也就是提图斯死后一年，伦勃朗去世。6周后，其儿媳马德琳娜也去世了。伦勃朗晚年穷困潦倒，有证据表明，在1666年，伦勃朗甚至无力支付其位于约旦区的房屋租金。据说，他还动用了柯妮丽娅的钱，甚至根据马德琳娜所说，还用过他的女儿提提亚的钱。

伦勃朗死得很体面，起码有16个抬棺人载着他的骨灰前往西教堂，他的家人多数都已葬在这里，如今他也安息在此。

在其死后，人们清点了伦勃朗工作室里作品的库存，其中有一组画，共22幅，被人们认为介于“画完了和没画完”之间。半成品中有一幅宗教画叫《西缅的赞歌》（*Simeon's Song of Praise*），作于1669年。伦勃朗曾多次描绘这个圣经题材，有油画，也有素描。画面的焦点在年老的西缅，他格外小心地怀抱着婴儿耶稣。耶稣是被他的父母带到这座神庙里的。因为按犹太人习俗，新生儿要带到神庙去祈福。脸上零星闪着光的圣母——可能是某位不知姓名的画家描绘完成的——从漆黑的背景里隐约浮现。西缅被上帝告知在他亲眼见到救世主弥赛亚之前，他不会死的。伦勃朗画的是西缅开口的场景，他正在说“主啊，如今可以照你的话，释放仆人安然去世！因为我的眼睛已经看见你的救恩，就是你在万民面前所预备的……”这幅画是受人委托的，所以，无论是主题，还是画面中流露的感情，照理说都不应该被解读成伦勃朗自身感受的投射。但是，如果你注视着这幅画，很难不联想到伦勃朗抱着孙女小提提亚的场景。画面又一次明明白白地传达出平安、圆满的氛围。

“这个时代的奇迹”

——加布埃尔·布塞利诺斯

从外界来看，伦勃朗这一生堪称大起又大落。但是，如果从其作品所反映的内心生活来看，又是另外一番景象：曾经的伦勃朗是个早慧的青年，狂妄无礼但又颇有才华，后来渐渐变得多思、世事洞明。外界对伦勃朗的看法以及他自己内心的想法两者之间的差别格外反映了伦勃朗给人的印象：骨子里叛逆、择善固执的本性。无论遭逢怎样的命运，他始终坚持自己的原则。他是天才，但绝非完人，他意志坚定，不断克服困难，虽然有不少困难只能归咎于他自己。直到生命的最后一刻，他也很明白他还在坚持自己选择的路，不曾改变。

伦勃朗临近去世的时候，他的作品已经收到了一些批评。其死后的一个多世纪里（17 世纪后段和整个 18 世纪），批评的声音愈演愈烈，几近羞辱。他的风格不像巴洛克盛期和随后的洛可可作品，充斥着装饰性的幻梦，亦没有新古典主义的严肃静穆。进入 19 世纪和 20 世纪后，现代艺术开始发展，掀起了拒绝学院派传统之风，而伦勃朗凭借其动人的线条和笔触，再加上其心理刻画的深度，自此受到推崇。其素描、油画和版画经受住了时间的考验。

伦勃朗一生中画了差不多 80 幅自画像。作品宛如一扇不可思议的窗户，从中几乎可以窥见他成年后每年的变化。右侧这幅作于 1669 年的画作应该是他的最后一幅自画像，画中人面容落拓，满脸皱纹，目光中却透露出坚定、清醒的自我认识。从中并未感受到画家有一丝的痛苦。虽然画中透露着悲伤和孤寂的情绪，却也看到人物的元气，甚至还散发出一股年少时意气风发的精神。X 光检测后发现，画中的伦勃朗本来戴着一顶白色的画匠帽，这是他的日常装扮。但是后来，他忍不住把白帽子改成了现在我们看到的花头巾，样式华丽，饰有红、棕、金三色相间条纹。这是他离世前的临别之作，这是最终的“王冠”，无限荣光——他不是一直都喜欢上等帽子吗？

致谢

感谢我的父母克莱夫·安德鲁斯和安娜·安德鲁斯·凡·德·拉克，是你们最先带我接触到了艺术之光；感谢尼克·希金斯绘制的插图，如此非凡、引人入胜；感谢凯瑟琳·英格拉姆给予我的鼓励和支持；感谢劳伦斯·金出版社的唐纳德·丁威迪、费莉丝蒂·奥德丽、亚历克斯·可可、朱莉娅·拉克斯顿、费莉丝蒂·芒德尔，是你们的细心和敏锐让这本书得以出版。

参考文献

Alpers, Svetlana. *Rembrandt's Enterprise: The Studio and the Market*. London and New York: Thames and Hudson, 1998.

Bailey, Anthony. *Rembrandt's House: Exploring the World of the Great Master*. London: I.B. Tauris & Co., 2014 (1978).

Bikker, Jonathan, and Gregor J.M. Weber. *Rembrandt: The Late Works*. London: National Gallery Company, and Amsterdam: Rijksmuseum, 2014.

Brown, Christopher, Jan Kelch and Pieter van Thiel (eds).*Rembrandt: The Master and His Workshop*. London: National Gallery Publications, 1991.

Crenshaw, Paul. *Rembrandt's Bankruptcy: The Artist, His Patrons, and the Art Market in Seventeenth-Century Netherlands*. Cambridge and New York: Cambridge University Press, 2006.

Schama, Simon. *Rembrandt's Eyes*. London: Allen Lane/The Penguin Press, 1999.

White, Christopher. *Rembrandt* (World of Art). London and New York: Thames and Hudson, 1984.

White, Christopher. *Rembrandt as an Etcher: A Study of the Artist at Work*. New Haven and London: Yale University Press, 1999.

文字作者

约瑞拉·安德鲁斯（Jorella Andrews）是伦敦大学戈德史密斯学院视觉文化系的高级教师，著有《这就是塞尚》和《炫耀！图像的哲学》等著作。安德鲁斯起初学习美术，后来又接受了艺术理论的专业教育。他的主要研究兴趣是哲学、知觉和艺术实践的相互关系。

插画作者

尼克·希金斯（Nick Higgins）是生活在伦敦的插画师，主要为出版社和广告业服务，他为《纽约时报》、《纽约客》、皇家莎士比亚公司和 BBC 国际频道都画过插画。

中文译者

李亦然，自由译者，南京大学艺术研究院艺术学理论专业硕士。